UNE MANIFESTATION
POLITICO-RELIGIEUSE

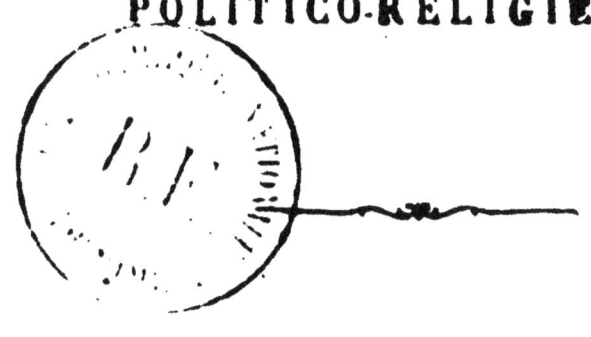

par

VICTOR GRENIER

Prix : 1 franc 25

Typ. Th. Cazal. (Saint-Denis Réunion)

1877

UNE MANIFESTATION POLITICO RELIGIEUSE.

—o—

Si ce qu'on est convenu d'appeler le parti clérical, se mettait en tête de faire une manifestation politique, on comprend que la religion pourrait y jouer un certain rôle ; mais nous demandons ce que la religion peut avoir à faire dans une manifestation imaginée et organisée par des républicains radicaux et libres-penseurs qui ne croient à Dieu que sous bénéfice d'inventaire, et qui considèrent toutes les cérémonies et toutes les pompes du culte catholique comme des babioles bonnes pour amuser les enfants et les vieilles femmes.

Or, M. Adrien Bellier qui passe dans le pays pour le chef du parti républicain, propose de faire célébrer par souscription coloniale, un service funèbre en l'honneur de M Thiers, dont nous avons appris la mort par la dernière malle. Et les journaux nous font connaître une liste de citoyens nommés par M. Adrien Bellier pour recueillir le montant de cette étrange souscription.

Voici cette liste, émanant de la volonté et du choix de M. Adrien Bellier, qui dans la circonstance a cru devoir se conférer les droits de Grand Électeur, sans même consulter, à ce qu'il paraît, ceux à qui le mandat de commissaire était confié :

MM. Adrien Bellier
Le Siner
C. Dureau de Vaulcomte
C. Armanet
A. Leroy
J. Milhet
O. Labuppe
F. Frappier
Ch. Ollivier
Th. Drouhet fils
O. Delval
R. De Lescouble

M. Trollé, rédacteur du « Travail, » était porté sur les premières listes publiées par les journaux ; mais il a refusé l'honneur civique qui lui était fait par le chef de la démocratie coloniale, et son nom a été remplacé par celui de M. C. Ollivier, maire de Ste-Suzanne, et gendre de M. Adrien Bellier.

M. Trollé a été logique. Il a déclaré que ses opinions politiques et religieuses ne lui permettaient pas de s'associer à cette manifestation, dans laquelle il trouve probablement que les républicains n'ont rien à faire. Nous sommes parfaitement de son avis.

Nous aimons les hommes qui restent toujours d'accord avec eux-mêmes, et qui en sortant de la loge des Francs maçons ne pensent pas qu'il soit convenable d'aller parader dans la Cathédrale en portant dans leur poche leurs insignes de Rose-croix ou de chevalier Cadoche.

M. Trollé veut rester complètement étranger à tout ce qui concerne le culte catholique, c'est son droit, ainsi le veut la liberté ; mais alors il comprend qu'il n'a ni le droit ni la liberté de faire une démonstration quelconque à la Cathédrale, même sous prétexte, d'honorer un mort illustre.

M. Trollé, avons nous dit, a été logique en refusant de prendre part à la manifestation proposée par M. Adrien Bellier, cela n'était pas d'accord avec sa manière de voir, à propos du culte catholique ; mais a-t-il toujours été conséquent avec ses principes en matière de catholicisme ? — Nous pourrions peut-être répondre négativement.

En effet, M. Trollé a donné à son fils le nom de Caius. Pourquoi ?

Oui, nous demandons pourquoi le rédacteur du « Travail » dont on connaît les opinions religieuses, ou plutôt anti-religieuses, — a donné à son fils ce prénom latin qui rappelle les grandes célébrités de la Rome payenne ?

A-t-il voulu par là témoigner de son admiration pour Caius Brutus ou pour Caius Caligula ? c'est son droit ; mais il aurait mieux fait de l'appeler Marc Aurelle ou Caton.

A-t-il voulu tout simplement protester contre l'usage de l'Eglise catholique qui fait donner aux enfants, sur les fonds baptismaux des noms de saints reconnus par l'Eglise ?

Dans ce cas, le rédacteur du « Travail » a été victime d'une plaisanterie du démon, qui l'a fait tomber dans une erreur profonde, en lui faisant croire que Caius est un nom payen.

En effet, malgré sa science profonde, le rédacteur du « Travail » aurait ignoré, dans ce cas, qu'il y a beaucoup de saints dans le paradis qui s'appellent Caius. Il y en a deux douzaines, nous en avons fait le compte, dans la table qui nous donne la nomenclature des saints !

Et pour comble de mystification, le libre penseur Croquemitaine peut voir que parmi ces vingt-quatre saints qui portent le nom qu'il a donné à son fils, il y a un saint Caius, pape et martyr, qui a régné 12 ans 4 mois et quelques jours, et a souffert le martyr sous l'empereur Dioclétien, son parent, le 22 avril 295 de l'ère chrétienne. — Ce renseignement se trouve dans le martyrologe, page 120. Donc, M. Trollé fils, quand il se décidera à faire sa prière, pourra en toute sécurité, se mettre sous la protection de deux douzaines de saints qui sont ses patrons ! Il doit cela au malin qui a voulu s'amuser en mystifiant son papa.

Quoiqu'il en soit, comme nous l'avons dit plus haut, M. Trollé a fait preuve de logique et de bon sens, en refusant de prendre part à la manifestation politico-religieuse proposée par M. Adrien Bellier, pour honorer la mémoire de M. Thiers.

Examinons au fond cette singulière idée au

tour de laquelle la presse dite républicaine du Pays, cherche à jouer de la grosse caisse.

Le 17 février 1673, les comédiens ordinaires du Roi donnaient la quatrième représentation du Malade Imaginaire, un des chefs-d'œuvre de Jean-Baptiste Poquelin, qui pour ne pas faire rougir sa famille, avait pris en entrant au théâtre le surnom de Molière. Le père Poquelin était tapissier et valet de chambre du Roi: il rougissait sans doute, d'avoir pour fils, un cabotin qui se mêlait de produire des chefs-d'œuvre et d'avoir du génie.

Dans la soirée du 17 février 1673, Molière jouait donc le rôle d'Argan dans le Malade Imaginaire. Il avait 51 ans, et il était atteint d'une affection qui devait le conduire prématurément au tombeau ; mais le Grand comédien tenait à jouer ce soir là. Louis XIV assistait à la représentation.

Au dernier acte, à la dernière scène, à ce moment burlesque où le Malade Imaginaire va être reçu médecin et prononce le mot « juro » Molière se sentit défaillir et tomba dans les bras de ses camarades. On baissa le rideau, et le public qui assistait à la représentation fut plongé pendant quelque temps dans une anxiété profonde. Le Grand Roi quitta sa loge, et se rendit sur le théâtre. En arrivant dans les coulisses, il rencontre l'acteur Baron et lui demande comment va Molière.

— Sire, Molière est mort ! répondit Baron.— Molière est immortel, repartit Louis XIV !

Eh bien ! M. Thiers vient de mourir aussi jouant son dernier rôle, et au moment où il prononçait, dans le midi de la France, les dernières paroles sacramentelles pour faire admettre ses nouveaux amis les Radicaux dans le corps patriotique des nouveaux députés de la chambre future. — Les républicains de toutes les nuances fondaient toutes leurs espérances sur ce vieillard converti du lendemain, et qui avait passé toute son existence à servir la monarchie et à maudire la République ! mais il venait de dire Juro devant le Radicalisme moderne. Il posait sa candidature à la présidence de la République française. Cette espérance d'être appelé définitivement au gouvernement de la grande nation, et de traiter d'égal à égal avec les rois de l'Europe, « du cœur de ce petit bourgeois chatouillait l'orgueilleuse faiblesse » ! — Il sacrifiait tout à cet espoir, et pour arriver à ses fins il avait mis sa main dans la main de cet orateur de balcon qu'il avait appelé lui-même un « fou furieux » en face de la France entière et du monde ! — Il est mort en disant : juro !

Que si maintenant un admirateur de son génie, en entendant dire : M. Thiers est mort ! s'imagine de répondre, en parodiant le mot du grand roi : M. Thiers est immortel ! — nous n'aurons rien à dire. L'histoire appréciera quand le temps, qui refroidit toutes les passions aura passé sur cette tombe. Mais ce n'est pas ainsi que parle M. Adrien Bellier : il devance le temps, il ne veut pas attendre, il est réellement trop pressé.

Il faudrait cependant prendre garde : sur l'avis qui nous est sommairement donné par un télégramme de deux mots, on nous propose de faire des manifestations politiques et religieuses pour honorer la mémoire d'un vieillard qui n'est peut-être pas mort. Rappelons nous donc ce qui s'est passé dans la dernière guerre à propos des nouvelles qui nous ont été portées par les télégrammes. Nous avons fait chanter à la cathédrale un service funèbre pour le repos de l'âme du maréchal Mac-Mahon, lequel était Dieu merci parfaitement vivant, et qui à l'heure actuelle n'a aucunement envie de mourir.

Nous avons organisé un punch en l'honneur de Bazaine pour célébrer la victoire qu'il venait de remporter à Metz, sur les Prussiens, et cela juste au moment où le maréchal félon trahissait la France et livrait à l'ennemi son armée de 120 mille hommes. Et nous y avons été avec tout l'entrain imaginable : les manifestants se sont promenés dans les rues de Saint-Denis au son de la musique et au bruit des pétards. L'enthousiasme de quelques uns a été si grand qu'ils ont bu patriotiquement du punch en quantité plus que suffisante dans des casques de pompiers.

Quelque temps après on s'est repenti d'avoir agi avec tant de précipitation, et nous apprenions la nouvelle que le même Bazaine était condamné pour crime de haute trahison. Voilà comment l'on est mystifié en acceptant avec trop de précipitation les nouvelles reçues par les télégrammes.

Mais, nous voulons bien l'admettre, M. Thiers est réellement mort subitement pendant la tournée électorale qu'il avait entreprise dans le midi de la France, pour chauffer la candidature des radicaux, lorsque son ami de la dernière heure, M. Gambetta, opérait dans le même sens dans les départements du nord. Le fait est incontestable, puisqu'un nouveau télégramme nous apprend d'une façon plus ou moins obscure, que Madame Thiers a revendiqué le droit qui lui appartient, sans conteste, de diriger, elle-même, la cérémonie des funérailles de son mari. Et l'intention de la veuve était de faire figurer au premier rang les républicains et les radicaux, nouveaux amis de M. Thiers. Le télégramme ajoute qu'en présence de cette réclamation de la veuve, le gouvernement ne prendra pas part aux funérailles de l'illustre défunt.

Tout cela ne doit-il pas donner lieu à réfléchir, et ce nouveau télégramme qui nous confirme la mort de M. Thiers, ne doit-il pas nous inviter à attendre un peu pour savoir ce qui s'est passé à son enterrement, avant de nous livrer à des manifestations prématurées.

Il serait sage d'attendre. M. Thiers était un voltairien bien avéré, il était peut-être devenu un libre penseur sur la fin de ses jours : il a peut-être demandé avant de mourir un enterrement civil : ses amis lui en ont peut-être fait un sans qu'il l'ait demandé. Ce serait alors une singulière mystification que celle d'avoir fait chanter en son honneur des services funèbres dans les églises de la Colonie. Le clergé ne doit-il pas être légitimement embarrassé en présence de la demande M. Adrien Bellier et de ceux qui pensent comme lui. Certes, l'église ne refuse pas ses prières à ceux qui les demandent ; mais doit-elle les jeter à la tête de ceux qui les refusent?

Adrien Bellier et ses amis peuvent sans doute penser que M Thiers a besoin de prières pour le repos de son âme, qu'ils prient alors avec ferveur, pieusement, sans pompe et sans éclat, ce sera édifiant. Mais où est leur mandat de demander une manifestation religieuse qui serait contredite par ce que nous pourrions apprendre plus tard Tout cela n'empêche pas nos pieux radicaux de Bourbon d'aller de l'avant.

Le journal du « Commerce » dans son numéro de vendredi, 28 septembre dernier, publie volontiers, dit-il, « les lignes suivantes dont l'un de ses amis de St-Benoit lui demande l'insertion au nom des patriotes de cette commune : »

« THIERS EST MORT !
« La patrie est en deuil.
« Les habitants de St-Benoit feront chanter un service, en l'honneur de ce grand citoyen, le mercredi, 3 octobre, 8 heures du matin, à l'église paroissiale de St-Benoit. »

Nous regrettons que cet ami de St Benoit, qui envoie cette tartine au journal du « Commerce » n'ait pas jugé à propos de nous faire connaitre son nom : nous aurions pu voir jusqu'à quel point il peut se dire autorisé à parler au nom des patriotes de sa commune. Nous pensons, pour notre compte, que le patriotisme créole n'a rien à démêler avec les messes de requiem célébrées en l'honneur de M. Thiers. Nous ajouterons que le correspondant du journal du « Commerce » aurait surtout dû nous faire connaitre son nom, pour nous expliquer la familiarité avec laquelle il traite M. Thiers, qu'il appelle Thiers tout court.

Quoi qu'il en soit, si l'avis donné par le journal du « Commerce » n'est point un simple canard, le service annoncé en l'honneur de M. Thiers à l'église paroissiale de St-Benoit, doit avoir eu lieu, depuis longtemps déjà, au moment où nous écrivons ces lignes.

Mais il s'agit là d'une petite manifestation de province qui ne mérite pas une grande attention, voici venir la grande, la noble, la coloniale, la patriotique manifestation. C'est la bonne. C'est M. Adrien Bellier qui entre en scène, dans un de ces articles qu'il sait faire, et où le sentiment et la réthorique sont si souvent en désaccord avec la saine et froide réflexion.

Avez vous assisté à la représentation de Charles VI ? — Odette de Champfleury endort le bonhomme malade, en chantant une gracieuse chansonnette. Et lui, se laissant aller au charme qui l'entraine, murmure ce doux couplet :

> Avec la douce chansonnette
> Qu'il aime tant,
> Berce, berce, gentille Odette
> Ton vieil enfant.

L'Odette du patriarche du Bois-Rouge est la muse de la république qui le berce, l'endort et le fait rêver. Tout en respectant une patriotique monomanie, il nous est permis de ne pas la prendre au sérieux. Examinons la proposition de M. Bellier.

Voici paragraphe par paragraphe l'article publié d'abord dans le « Nouveau Salazien et reproduit ensuite par le « Commerce, » le « Moniteur » et le « Travail. »

« M. Thiers.

La malle du 26 août a porté de ce côté ci de l'océan (l'auteur veut dire nous apporté, ou bien a apporté à l'Ile de la Réunion, mais il aime mieux se servir d'une périphrase plus en rapport avec l'état poétique de son imagination) la nouvelle d'un grand et douloureux événement: M. Thiers est mort, frappé subitement d'un mal dont les vieillards ne reviennent guère. »

Si comme on le suppose, M. Thiers est mort d'une attaque d'apoplexie foudroyante, l'auteur aurait pu affirmer hardiment, sans crainte de se tromper que c'est un accident dont les vieillards ne reviennent jamais.

« L'historien national, l'illustre homme d'état, le libérateur de la France écrasée sous le poids des fautes criminelles de l'empire, le patriote incomparable qui, sous la pression des circonstances politiques les plus impérieuses, n'a pas hésité à transformer ses anciennes opinions et à les adapter aux besoins nouveaux du pays, M. Thiers a terminé sa longue et glorieuse carrière. »

Longue et glorieuse carrière, nous le voulons bien, M. Thiers est mort à l'âge de 80 ans : un publiciste a déjà dit que, dans l'intérêt de sa gloire, il aurait peut-être mieux valu pour lui mourir un peu plus tôt, nous n'examinerons pas ce point, il est mort quand Dieu l'a appelé ; mais n'est-il pas permis de faire remarquer qu'il y a dans les éloges qu'on vient de voir dans le paragraphe qui précède, beaucoup à prendre et beaucoup à laisser. L'historien national qui a écrit l'histoire de la Révolution française est aussi celui qui a fait le consulat et l'empire, et qui a popularisé, après Béranger, cette légende impériale, dont le résultat a été de rendre possible l'attentat du 2 décembre et tout ce qui en est suivi.

Le libérateur de la France doit évidemment partager la gloire d'avoir délivré le territoire avec la chambre qui lui a fourni les moyens de payer l'indemnité de guerre.

Le patriote incomparable qui s'est fait républicain après avoir été monarchiste pendant toute sa vie, n'aurait peut-être pas ainsi changé si facilement d'opinion, s'il n'avait pas eu l'espoir d'être appelé à la présidence de la République. Toutes ces observations que nous rappelons sommairement, ont déjà été faites bien souvent avant nous. M. Adrien Bellier a le tort de mettre ceux qui ne pensent pas comme lui dans la nécessité d'y revenir.

« Jamais deuil national n'aura été justifié par des plus immenses services rendus à la Patrie. Aussi ne faut-il pas douter des funérailles magnifiques, inconnues dans les fastes des douleurs publiques, que la France, pénétrée de respect et de reconnaissance, aura tenu a faire à l'un des plus éminents citoyens qui lui ont jamais prodigué les trésors de leur esprit et de leur cœur. La colonie de la Réunion qui se distingue entre ses sœurs du monde entier par des idées avancées, républicaines et démocratiques, restera-t-elle étrangère à l'élan national qui a dû entraîner la France, c'est-à-dire la France nouvelle, vers la tombe où ont été déposés les restes mortels de l'immortel patriote ? Non, cela est impossible ; non, l'Ile de la Réunion avec les principes politiques qu'elle est fière de professer, principes qu'elle met journellement en action ; l'île de la Réunion se doit à elle même de conformer sa conduite à celle de ses coréligionnaires politiques de la métropole. Elle honorera de loin la mémoire bénie de M. Thiers comme la mère patrie l'a honorée de près, et elle se montrera ainsi toujours digne de sa vieille réputation de colonie modèle, du moins par la constance et l'énergie de ses sentiments politiques à jamais voués au triomphe de la République. »

Voilà de la phraséologie transcendante et du pathos à haute pression ! — L'auteur, comme un ballon gonflé, quitte la terre et va chercher dans les nuages l'expression d'un enthousiasme lyrique. Dans cette situation sa phrase devient rétive et ne répond plus à sa pensée.

C'est ainsi qu'il s'écrie « qu'il ne faut pas douter des funérailles magnifiques que la France aura tenu à faire à M. Thiers. » Qu'est-ce à dire ? Nous avons entendu dire correctement qu'il ne faut pas douter de la justice de Dieu, de l'amour d'une mère, et cela se comprend ; mais dire qu'il ne faut pas douter des funérailles qu'on fera à M. Thiers, comme on dirait qu'il ne faut pas douter d'un ami dont on attend quelque chose, cela ne peut se comprendre que dans la supposition où on attendrait quelque chose des funérailles de M. Thiers, comme, par exemple on attendait un soulèvement et une tentative révolutionnaire de l'enterrement du général Lamarque. Evidemment ce n'est pas ce qu'a voulu dire l'honorable M. Adrien Bellier ; il a voulu dire très-probablement qu'il fallait être certain que la France ferait des funérailles magnifiques à M. Thiers. Nous croyons qu'en cela il a parfaitement raison.

Dans l'état actuel des esprits, en France, la mort subite de M. Thiers a dû nécessairement être un évènement politique d'une extrême importance. Le gouvernement a dû faire un déploiement formidable de forces pour imposer à l'audace des partis. L'immense célébrité du défunt attirait en outre, de tous les points de la France, un nombre considérable de spectateurs qui venaient avec des impressions diverses assister à des funérailles magnifiques.

Oui, il y a eu sans aucun doute beaucoup de monde à l'enterrement de M. Thiers ; mais est-ce une raison pour que la colonie de la Réunion soit appelée à partager un élan national qui n'a pu durer que pendant l'enterrement, et qui par conséquent se trouve éteint depuis longtemps ? si nous avions pu envoyer une députation aux funérailles de M. Thiers, nous aurions compris que la colonie eût délégué M. Adrien Bellier pour la représenter spécialement dans cette cérémonie funèbre, bien que nous ayons déjà en France MM. Laserve et de Mahy qui se sont bien certainement acquittés de ce soin. Mais aujourd'hui M. Thiers est enterré, nous n'avons plus à nous occuper de ses funérailles. Pourquoi donc venir nous en parler, et que veut-on de nous ? —voici ce que M. Adrien Bellier nous propose dans les deux paragraphes qui terminent son article :

« Comme plus ancien, par ordre de date et par l'âge, dans les rangs de l'immense majorité de mes concitoyens partageant mes opinions, j'ai

l'honneur de leur proposer de faire célébrer par souscription coloniale, un service funèbre à la Cathédrale, en l'honneur du grand homme qui, appartenant au peuple par sa naissance, est resté fidèle à son origine plébéienne, et n'a jamais voulu accepter d'autre titre que celui du premier des patriotes français.

« J'ose espérer que les journaux républicains du pays, le « Moniteur, » le « Commerce, » le « Travail » me prêteront leur concours empressé pour populariser rapidement la manifestation patriotique dont je prends l'initiative, et que toutes les communes de l'Ile tiendront à honneur d'assister par leurs nombreux délégués à une solennité nationale, rehaussée par les prières et les pompes de l'église catholique »

Signé : « Adrien Bellier. »

Ainsi, voilà qui est bien entendu ! le doyen des républicains de la colonie propose de faire célébrer, par souscription coloniale, un service funèbre en l'honneur de M. Thiers parce que, entre autres raisons, M. Thiers appartenant au peuple par sa naissance, est resté fidèle à son origine plébéienne et n'a jamais accepté d'autre titre que celui du premier des patriotes français ! — Il est évident que lorsqu'il écrit de semblables choses, le Patriarche du Bois Rouge se laisse entraîner par son imagination pour plaire aux nouvelles couches sociales qui composent la queue du radicalisme, car si M. Thiers appartenait au peuple par sa naissance, on ne s'en apercevait guère quand on se rendait dans son palais où il recevait la plus haute noblesse de France, et où il prenait le titre de Président de la République, qui en vaut bien certainement un autre.

M. Thiers portait le grand cordon de la légion d'honneur, il ne s'est pas fait faire comte, duc ou baron par le roi Louis-Philippe dont il a été bien souvent ministre, la belle affaire ! il a dédaigné ces titres qui l'auraient rendu ridicule, il était M. Thiers — Beranger a dédaigné le titre de chevalier de la légion d'honneur qui l'aurait amoindri, il a voulu que les auteurs de vaudevilles puissent dire de lui :

Il n'a rien à sa boutonnière ;
Honneur, honneur à Béranger !

Si l'on veut trouver un grand homme qui est resté fidèle à son origine plébéienne, c'est assurément Béranger le Chansonnier patriotique et national, pourquoi M. Adrien Bellier et ses amis n'ont-ils pas fait dire, par souscription coloniale, un service funèbre en l'honneur de Béranger ? — La chose aurait été aussi neuve et aussi respectable. On aurait pu, de la même manière faire appel au patriotisme créole, en reprenant ces vieux clichés de colonie modèle, distinguée entre toutes ses sœurs par ses idées démocratiques, par ses aspirations républicaines. — Et tout ce que les bavards de toutes les époques ont imaginé

pour enthousiasmer les électeurs du Camp-
Ozoux.

Nous avions écrit tout ce qui précède avant
l'arrivée de la malle, mais les nouvelles qui vien-
nent de nous être apportées par le dernier cour-
rier, ne modifient en rien notre manière de voir à
propos de la proposition de M. Adrien Bellier.

Voici ce que nous lisons dans un des derniers
journaux reçus de France :

« Pour le moment, voici les renseignements
sommaires que nous avons pu recueillir à Saint-
Germain, auprès des personnes les mieux infor-
mées.

« M. Thiers était depuis plusieurs années déjà
atteint d'un catarrhe qui n'inspirait à sa famille
et à ses amis aucune inquiétude sérieuse. Diman-
che, il avait fait sa promenade habituelle sur la
terrasse de Saint-Germain, recevant les nombreux témoignages de respect et de sympathie
des promeneurs qui se découvraient sur son
passage. Il était souriant et avait très bonne
mine.

« Le lendemain lundi, il se leva bien portant
et sortit d'autant plus volontiers, que le changement de température qui s'était produit paraissait devoir lui être favorable. Il déjeuna de bon
appétit, et ce ne fut qu'à la fin du repas qu'un

changement fut remarqué dans sa physionomie ; ses traits s'altérèrent tout à coup, et ceux qui l'entouraient en conçurent assez d'inquiétude pour faire appeler immédiatement un médecin de la ville, M. le docteur Lepiez, qui était déjà connu de M. Thiers.

« Le docteur reconnut la gravité des symptômes et il conseilla à la famille de faire appeler le plus tôt possible celui de ses confrères qui soignait habituellement M. Thiers à Paris. M. le docteur Barthe fut mandé aussitôt, et en l'attendant, on posa des sangsues sur la nuque. Il n'en résulta aucune amélioration sensible. Le malade ne revenait pas à un état plus satisfaisant, au contraire ! quand le docteur Barthe arriva, tout espoir de salut était perdu. Il employa en vain les réactifs les plus énergiques. M. Thiers mourut sans secousse, sans agonie, peu d'instants après ; il était alors six heures un quart du soir. »

M. Thiers est mort à Saint-Germain le 3 septembre dernier. Ses funérailles ont eu lieu à Paris le 6 du même mois, à l'Eglise Notre Dame de Lorette, dont il était le paroissien. Un décret du Président de la République qui ordonnait que les funérailles de l'illustre défunt se feraient aux frais de l'Etat avait été rapporté, et l'enterrement avait eu lieu avec ordre au milieu d'un peuple immense. Le gouvernement, l'arme au bras, avait vu défiler la foule et aucune manifestation révolutionnaire n'avait troublé l'ordre de la rue. C'est très-bien ! Que faut-il de plus ? —Qu'on s'associe de cœur à cette grande manifestation pacifique, rien de mieux ; mais à quoi bon recommencer tout cela pour donner, au moment de nos élections, un caractère politique à une cérémonie qui peut rester purement chrétienne et religieuse ?

M. Adrien Bellier aime M. Thiers, il l'admire avec raison ; il éprouve le besoin de prier pour le repos de son âme, c'est parfait! Que M. Adrien Bellier commande alors sans emphase, une messe de requiem, où il invitera ses parents et ses amis, cela lui coûtera une somme de trois ou quatre cents francs qu'il est bien assez riche et assez généreux pour payer: une souscription coloniale est parfaitement inutile.

Mieux que cela, une souscription coloniale est maladroite et imprudente. Elle donne un caractère politique à une cérémonie qui doit rester religieuse ou n'être pas. Et en présence de l'attitude du gouvernement aux funérailles de M. Thiers, la souscription coloniale de M. Adrien Bellier n'a-t-elle pas un caractère d'opposition, à l'autorité que nous devons respecter dans l'intérêt du maintien de l'ordre ? m'est avis que les fonctionnaires qui voudraient prendre part à la souscription coloniale de M. Adrien Bellier devraient comprendre qu'ils doivent probablement donner leur démission — si non, on devrait la leur demander.

Quoiqu'il en soit, nous apprenons que le service funèbre dont nous parlons aura lieu très prochainement. On a eu raison d'attendre la malle pour les motifs que nous avons fait connaître plus haut. Satisfaction entière sera donc donnée à la proposition de M. Adrien Bellier, cela ne nous fait pas changer de manière de voir.

Jusqu'à un certain point, nous aimons mieux l'idée de M. Trollé qui, refusant de prendre part à la manifestation religieuse, verrait sans inconvénient, dit-il, ouvrir une souscription dans le but d'élever en l'honneur de M. Thiers un monument dans le jardin des plantes de Saint-Denis.

Ce monument serait un buste en bronze de M. Thiers, qu'on hicherait à l'extrémité d'un piédestal, sur lequel il y aurait une inscription lapidaire que le rédacteur du « Travail » ne nous a pas fait connaître, n'ayant probablement pas encore eu le temps de la rédiger d'une manière convenable.

M. Trollé est un homme de sens et de beaucoup d'esprit, on ne sait pas, si en lançant une pareille proposition, il n'a pas eu l'intention de faire une plaisanterie. Ce qu'il y a de certain, c'est qu'il a été pris au sérieux, et que son journal nous donne, dans son numéro du 20 octobre courant, une liste de huit ou neuf jeunes gens qui se sont mis en tête de s'organiser en comité, afin d'ouvrir une souscription patriotique pour l'acquisition du buste de M. Thiers, qui sera érigé sur la place de l'hôtel de ville de Saint-Pierre !

Décidément la monomanie des souscriptions menace de devenir contagieuse!

Si M. Milbet n'était pas actuellement malade, nous aurions eu bien certainement une souscription de même goût pour St Paul. A défaut de son compère, Me Gilles Crestien en fera probablement une.

La souscription St-Pierroise est sans contredit, prodigieusement gaie. Les jeunes commissaires qui sont en train de l'organiser, se mettent sous le doux patronnage du beau sexe. C'est fort galant.

« Mes dames, nous avons songé à votre charmant et puissant patronnage en faveur de l'œuvre de pure reconnaissance que nous voulons entreprendre aujourd'hui : déjà nous avons appris en entrant dans la vie avec quelle « certitude » on peut toujours compter — sur votre générosité et votre patriotisme, car vous avez eu en partage un cœur enthousiaste et noble dont les trésors sont inépuisables. »

Nous souhaitons à cette brillante jeunesse qui se mêle aujourd'hui de faire des manifestations politiques, de conserver en sortant de la vie les illusions qu'elle déclare avoir en y entrant! — A propos de la mort de M. Thiers, ces bons jeunes gens, nous parlent d'histoire. Ils méditeront un jour celle du Roi Chevalier qui a écrit sur une vitre du château de Chambord ces vers connus, qui donnent peut-être un fâcheux démenti à l'opinion qu'ils ont sur la certitude avec laquelle on peut compter sur le dévouement de la plus belle moitié du genre humain :

Souvent femme varie,
Bien fol est qui s'y fie !

Il paraît que François Ier avait ses raisons pour penser ainsi. Quoiqu'il en soit le « puissant » patronnage des dames, dans une manifestation de parti, nous paraît une chose assez insolite. Il en est de même de l'intervention des « petits enfants » à qui on demande de porter leur « petit sou » pour bâtir un monument à M. Thiers, quand ces pauvres petits êtres aimeraient mieux acheter 5 centimes de bonbons ou de colle aux dents !

Mais examinons sérieusement les choses :

Nous comprenons parfaitement l'usage antique d'élever des statues aux grands hommes qui ont honoré l'humanité, et rendu des services exceptionnels à la patrie ; M. Thiers mérite incontestablement qu'on lui rende cet honneur après sa mort. Mais il ne faut pas exagérer les choses, et il faut surtout faire un choix judicieux des lieux où l'on élève des monuments à la mémoire des grands hommes. Qu'on élève une statue à M. Thiers sur une place publique de Marseille, rien de mieux, c'est le lieu où il est né ; qu'on lui en élève une à Paris ou à Versailles, très bien ! ces lieux ont été témoins de sa gloire et il est juste de placer dans la capitale l'image de celui que toute la France admire ; nous admettons même que la statue de l'illustre homme d'état soit érigée à Belfort, puisque c'est grâce à lui que cette ville est restée française ; mais pourquoi placer un buste ou une statue de M. Thiers à l'Ile de la Réunion, et surtout à St-Pierre qui n'est pas la capitale de la colonie ? — on dira alors que St-Denis et Saint-Paul devront en faire autant. Mais il n'y a pas de raison pour que cela finisse, il faudra des bustes pour toutes les communes de l'île ; il en faudra trente deux mille pour les communes de France ! Voyez quelle dépense de bronze ! Nous tomberons dans le gâchis. M. Thiers n'a rien fait spécialement pour la ville de St-Pierre, et les habitants de cette commune n'ont pas plus de raison pour lui ériger une statue, qu'ils n'en auraient pour en élever une à Lamartine, à Solon ou à Périclès ? — Nous pensons donc que les petits enfants de la localité à qui on présentera la souscription St-Pierroise dont nous avons parlé plus haut, feraient très-bien de garder leurs petits sous pour manger des gâteaux. Quant aux dames à qui les jeunes commissaires s'adresseront pour remplir leur souscription, nous ne doutons nullement de leur patriotisme, mais nous comptons sur leur bon sens pour penser qu'elles s'abstiendront de prendre part à une manifestation politique, dans laquelle elles n'ont rien à faire, et qui pourrait bien finir par tomber dans le ridicule.

TRIBUNAUX

—o—

Les dernières assises du mois d'octobre 1877 ont présenté, à Saint-Denis, un intérêt tout à fait inaccoutumé. Pendant six jours, du onze au dix-sept, une foule nombreuse s'est rendue avec empressement au Palais de Justice, pour assister aux débats d'un procès qui excitait au plus haut point la curiosité publique. Le rôle de la Cour d'assises affichée à la porte principale de la salle d'audience annonçait, pour le onze octobre, l'affaire François Lakermance et dame Edouard dit Lacascade : viol et complicité.

Depuis longtemps les détails de cette affaire avaient circulé dans le public. On racontait qu'une jeune fille de famille, âgée de 17 ans, mademoiselle Elisabeth Perrier d'Hauterive, avait été victime d'un viol dans des circonstances odieuses qui soulevaient l'indignation générale. Cet attentat avait eu pour suite la grossesse de la victime, qui avait mis au monde un enfant débile que la justice faisait porter à l'audience.

M. François Lakermance négociant à St-Denis comparaissait sur le banc des assises comme auteur principal de ce crime, et à côté de lui, l'accusation avait fait asseoir une femme d'un certain âge, Madame Clémence Dumesguil épouse Edouard dit Lacascade, laquelle était accusée de complicité de viol pour avoir aidé et assisté l'auteur principal dans la perpétration du crime.

La position sociale des accusés, leur attitude étrange à l'audience ; la présence de la jeune fille victime du dernier des outrages, ce pauvre petit enfant qu'on portait dans des langes sous les yeux des juges ; cette famille qui demandait justice en dénonçant les coupables, ce grand père aux cheveux blancs, cette vieille et respectable grand'mère qui ne pouvait pas maitriser son émotion, tout dans cette affaire était réuni pour exciter au plus haut point la curiosité, l'attention, la pitié et peut être l'indignation publiques.

Aussi, bien avant l'ouverture des portes, une foule compacte et avide d'émotions assiégeait les alentours de la salle d'audience. Le Président avait délivré des cartes d'entrée à ceux qui étaient admis à la faveur de s'asseoir dans l'espace réservé entre le banc des juges et la barre des avocats. Il n'y avait pas eu assez de places pour les demandeurs. On s'asseyait jusqu'aux pieds des juges, auprès des accusés, dans le banc des avocats, partout où l'on pouvait se fourrer. La salle réservée au public non privilégié était littéralement pleine ; là, on était debout, pressés les uns contre les autres ; ceux qui étaient entrés ne pouvaient plus sortir. Jamais on n'avait vu aux assises, une pareille affluence.

A midi et quelques minutes, l'appariteur annonce l'arrivée de la Cour d'assises, présidée par M. le conseiller Gibert qui avait à sa droite M. Dugued et à sa gauche M. Dufour Brunet aussi conseillers à la Cour d'appel.

Puis venaient dans l'ordre suivant, les quatre assesseurs tombés au sort :

MM. Onézime Delval, Archambault, Léopold Gamin et Cingé.

L'affaire devant durer plus d'une audience, le Président des assises avait appelé à assister aux débats, un juge et un assesseur supplémentaires. Le magistrat était M. Cordeil, juge d'instruction, et l'assesseur M. Clémenceau.

Nous sommes à la première audience. Le président, qui pendant tout le temps qu'a duré ce long procès, a toujours dirigé les débats avec la plus rare distinction et la plus grande impartialité, donne l'ordre d'introduire les accusés et d'annoncer l'ouverture de l'audience. On procède ensuite à l'appel des témoins, à la lecture de l'arrêt de renvoi devant la Cour d'assises, et de l'acte d'accusation rédigé par le premier substitut de M. le Procureur général. Il y a plus de vingt témoins plus ou moins importants, tant à charge qu'à décharge, dont l'audition prendra plusieurs audiences.

A la première audience, quand pour constater l'identité des accusés, le Président leur demanda leurs noms, prénoms, âges, domiciles et qualités, on crut remarquer dans le public que M. Lakermance aurait pu se donner une tenue plus modeste et plus réservée. Quant à Madame Lacaussade elle paraissait aussi bien sûre d'elle-même, si bien que lorsqu'en terminant ses questions préparatoires, le Président lui dit : vous allez entendre les faits dont vous êtes accusée et les charges qui pèsent contre vous, elle répondit d'une voix claire et vibrante : « Jamais ! Jamais ! »

— Taisez-vous, dit le Président et asseyez-vous. — C'est ce qu'il y avait à lui dire pour le moment.

Après tous les préliminaires d'audience que nous venons d'indiquer sommairement, le Président fit retirer les témoins et procéda à l'interrogatoire des accusés.

Cet interrogatoire et celui des témoins qui l'a suivi immédiatement, ont pris plusieurs audiences, et il nous est impossible de les reproduire aujourd'hui, à la fin d'une brochure, où l'espace nous manque.

Nous nous proposons de faire connaître ultérieurement, dans une brochure spéciale, les principaux détails de cet important procès dont nous ne pouvons actuellement donner qu'un très incomplet aperçu.

Le réquisitoire de M. Servatius, qui a occupé le banc du ministère public, a été un véritable monument qu'il faut faire connaître dans ses détails. Cet honorable magistrat a révélé, dans ce procès, un talent hors ligne, qui le fait marcher de pair avec les plus grands avocats généraux qu'il nous a jamais été donné d'entendre et d'admirer au banc du ministère public. C'est que dans cette éloquente parole, émanant cependant d'un corps frêle et souffrant, on sentait l'honnête et loyale conviction d'un cœur passionné pour la justice et pour le bien. Dans ces conditions là, on est sûr d'émouvoir son auditoire ;

aussi tout le monde a-t-il été ému, en entendant cette magnifique peinture de la probité et de l'honorabilité tracée de main de maître, par ce jeune magistrat dont la parole tombait de haut, grave, froide et puissante comme la loi. L'auditoire a été un moment fasciné, quand le même magistrat faisant appel aux sentiments les plus doux de la pitié et de la commisération, a montré le malheur immérité d'une victime innocente, et a placé Elisabeth d'Hauterive sous la généreuse protection des pères de famille qui l'écoutaient.

A ce moment M. Servatius s'est assis, en terminant son réquisitoire ; mais malgré le respect des lieux où toutes les manifestations sont interdites de la part du public, un tonnerre d'applaudissements a répondu aux derniers accents de l'orateur.

Après un tel réquisitoire les avocats ne pouvaient être que relativement fort inférieurs. Nous aurons à analyser leurs plaidoiries qui ont été d'une longueur accablante et bruyante, ce qui a fait dire à un membre du barreau, dont on nous a répété le propos, que toutes ces joûtes d'éloquence, non gratis, comme le dit notre ami Zoronime, n'étaient que de la LOGOMACHIE à haute pression.

Nous terminerons aujourd'hui en donnant l'arrêt de la cour.

Les débats ont été clos le mercredi 17 octobre courant, vers trois heures de l'après midi. Après une délibération de trois quarts d'heure, la Cour a posé les questions suivantes :

1o L'accusé François Lakermance est-il coupable, d'avoir dans les premiers jours d'octobre ou novembre dernier, commis le crime de viol sur la personne de la demoiselle Elisabeth Perrier d'Hauterive ?

2o L'accusée Clémence Dumesgnil, épouse du sieur Pierre Edouard dit Lacaussade, est-elle complice du dit crime ?

3o Existe-t-il des circonstances atténuantes en faveur de François Lakermance ?

4o En existe t-il en faveur de la dame Lacaussade ?

Après un quart d'heure de délibération, la Cour a résolu négativement les deux premières questions, laissant de côté les deux dernières devenues inutiles. En conséquence, le Président a prononcé l'acquittement et ordonné la mise en liberté des accusés.

Est-ce tout ? — non, cela n'est pas fini — nous pensons que l'acquittement n'empêche pas l'action civile en dommages-intérêts. Il est de principe, en effet, que l'action civile et l'action criminelle, résultant d'un crime ou d'un délit, sont indépendantes l'une de l'autre. Cela est certain dans tous les cas, et à plus forte raison dans celui qui nous occupe, s'il est vrai, comme on le dit, que les accusés n'ont été acquittés que par une minorité de […]

Nous reviendrons sur ce point.

St-Denis, […] 1872.

V. G.

www.ingramcontent.com/pod-product-compliance
Lightning Source LLC
Chambersburg PA
CBHW060910050426
42453CB00010B/1646